AF137415

Le Testament

FSC
www.fsc.org
MIXTE
Papier issu
de sources
responsables
Paper from
responsible sources
FSC® C105338

© 2019, Jean-Claude VERZI PANTEL

BoD – Books on Demand,
12/14 rond point des Champs-Élysées, 75008 Paris
Impression : BoD – Books on Demand, Norderstedt, Allemagne

ISBN : 978-2-322-18951-9

Dépôt légal : Février 2020

Illustration de la couverture réalisée
par le peintre normand Jean Quéméré

Jean-Claude **VERZI PANTEL**

Le Testament

Pourquoi des humains
ont inventé un Dieu ?

À mes enfants et petits-enfants

À mes parents hétérosexuels

1

Il arrive un moment où chez un enfant, l'âge de raison apparaît. Il est différent pour chaque individu. Il en est même qui, adulte, ne l'atteigne jamais.

Tout au long de sa vie, l'humain évoluera selon sa soif de savoir, de ce qu'il retiendra de ses enseignements, de sa cognition, mais il arrive qu'avant cet âge des enfants plus sensibles, plus dégourdis que d'autres prennent conscience de leur existence.

Sans être plus déluré que les enfants de mon âge, il arriva le moment où je me posai des questions, pour lesquelles je souhaitais une réponse. Qui était le mieux placé pour satisfaire ma curiosité, sinon l'adulte qu'au fil de mes découvertes, je sollicitais.

À mes questions embarrassantes, quelquefois même inconsciemment incongrues, les adultes me répondaient de manière détournée, où me conseillaient d'attendre d'être plus grand, que cette curiosité à vouloir savoir ne concernait que les grandes personnes, je connaissais bien des enfants qui sont plus grands que des adultes. Le savoir est-il une question de taille ? Et si je restais petit, je n'aurais pas le droit de savoir. Mes questions devenaient plus pertinentes au fur et à mesure que j'avançais en âge, jusqu'au jour où vinrent les inévitables questions : « pourquoi je suis né, pourquoi je vis, pourquoi je dois mourir ? ». Trouver une femme pour avoir à mon tour des enfants pour faire perdurer la race des humains, ne me satisfait pas, chaque espèce a cette mission. Quel intérêt y a-t-il s'il n'y a pas d'intentions ? Par exemple : à quoi sert l'antilope, si ce n'est pour nourrir le lion ; pourquoi y a-t-il des lions, sinon pour éviter la surpopulation des antilopes, mais si ni l'un ni l'autre existe, le problème est résolu. La question se pose également pour les éléphants et tant d'autres animaux, insectes et parasites. Et en quoi est nécessaire l'homme, qui détruit inutilement son environnement et rien ne sauve ? Pourquoi la Nature conçoit-elle la vie si elle est servie en pâture aux prédateurs ?

2

Dans l'espoir de trouver une solution à ma quête, je remonte au Big bang comme il nous est présenté à ce jour.

Pourquoi dans notre système solaire, composé de 9 planètes et 173 satellites confirmés sur plus de 600 déclarés naturels, seule la terre a la biogenèse ? La simple réponse de fortuité ne peut pas me servir, trop de paramètres en interactions s'imposent.

Sa distance au soleil et sa masse permettent de garder l'eau à l'état liquide, de fixer des températures acceptables et une atmosphère respirable. Les planètes près du soleil atteignent des températures trop élevées, et trop loin donnent des températures trop froides, pour accepter la vie, disposent cependant avec leur densité et leur vitesse, d'une gravitation par laquelle presse d'influentes actions cosmiques et planétaires, nécessaires à l'équilibre de l'ensemble de notre système solaire.

Comme les gamètes mâles et femelles génèrent la fécondation d'une mère par un père, les comètes par la panspermie ensemencent à travers l'espace des particules qui auraient, par association avec des molécules présentes sur notre Terre, donné naissance aux bactéries.

De notre terre emblavée, apparaîtra la vie d'une multitude d'espèces. Son champ magnétique va détourner les bombardements fatals à notre environnement, à notre existence pour permettre par cette auto-protection, l'avènement de l'humain encore en gestation. Ses températures seront brassées par sa rotation et ses saisons se formeront par son inclinaison associée à sa révolution autour du soleil. Des climats vont naître.

Comme nous le rapportent les paléontologues, les évolutions de la flore et de la faune à travers des millénaires, en observant leur progression par les empreintes fossiles, des ossements et les coprolithes, cette Puissance universelle est chaotique, elle est imparfaite. De longs essais seront nécessaires.

Elle créera des animaux monstrueux et colossaux sur

des millions d'années avant de les faire disparaître à jamais pour que l'hominidé bien plus tard apparaisse. L'amélioration créative doit passer par de nombreuses étapes pendant des milliards d'années pour évoluer.

Comme beaucoup d'animaux, l'humain communie avec ses semblables, mais à un niveau plus élevé ; par sa réflexion, il a le pouvoir de faire changer le cours des événements. En vertu de cette raison, son cerveau est plus créatif. L'instruire, lui permettra de se développer.

La Puissance universelle a créé l'humain pour être, par âme, son Esprit.
Plus l'humain fera montre de sagesse et d'amour, plus il s'élèvera vers l'Homme et plus la Toute-Puissance exaucera ses vœux bienveillants.
Il incombe donc à l'humain de s'ennoblir pour aller au plus près de la Lumière sans jamais affleurer la perfection, l'inaccessible grandeur où les âmes iront à l'infini.

3

Avant la Seconde Guerre mondiale, la connaissance de notre univers se limitait à notre galaxie. À présent nous savons par des techniques avancées qui se perfectionnent de jour en jour, qu'il y a des milliards de systèmes solaires comme le nôtre dans notre galaxie ; qu'il a des milliards de galaxies dans un univers, qu'il y a des milliards d'univers et des milliards de super-univers dans l'immensité insondable.

Que l'on soit croyant ou athée, nous devons admettre l'existence d'une Puissance invisible, créative et universelle, pour avoir fait naître cet espace indéfini, auquel elle communique, aux univers, l'énergie.

Le carbone, l'hydrogène, l'azote et l'oxygène sont les éléments de base de la source utile à l'existence, que l'association des températures et des pressions fera de complexes liaisons illimitées pour toujours laisser les galaxies en perpétuel mouvement pour créer de nouveaux mondes. Même si nos sciences ne permettent pas de les rendre visibles à notre vue parce qu'ils sont trop éloignés, nous savons grâce aux observations de nos astrophysiciens qu'ils sont bien présents.

Je subodore l'infini comme la conception de nos mondes ; de l'infini nous venons et à l'infini nous allons. Quelle interprétation donner à cette incroyable grandeur qu'est l'infini où l'espace ne commence et où le temps ne finit ?

4

Que d'innombrables formes de vie existent et qui nous sont inconnues.

Nous savons que notre organisme et bien d'autres, qui nous sont étrangers, permettent l'autoguérison.

De nombreux exemples d'existences présentes et passées nous apportent la preuve de décorporations en divers lieux, que confirment des professeurs éminents.

Ces pouvoirs ne sont pas le fruit du hasard, mais la fatalité qui me permet de vivre et d'exister. Quel destin ont les autres créatures ?

Il est des animaux par leurs manières qui nous semblent plus évolués, plus intelligents que certains humains auxquels ils semblent plus sages et plus sensés.

Par un procédé moins inné, que réfléchi, seront-ils des humains dans leur prochaine vie ?

5

Si ma vie me mène à apprendre, faut-il que je sois à cette quête, asservi ? Je ne suis cependant pas attaché à des obligations. De l'objectif à poursuivre, je dois seul prendre la décision d'assimiler pour comprendre des souffrances et entendre des injustices pour mieux m'en défendre.

J'ai un besoin en moi d'obvier aux afflictions, d'éviter les peines par de bonnes actions. J'essaie pour faire face aux circonstances de prendre du recul dans mes décisions.

Il me faut avoir de nombreuses existences pour que je sois jugé sur mes conduites ; comment mes attitudes, dans ma vie, sont sociables ; quel est mon comportement envers mes semblables ?

Pour exemple un humain qui meurt jeune ne peut pas confirmer dans sa vie trop courte, toute exemplarité dans sa conduite ; il lui faut aller à des vies successives pour répondre à des situations qu'en une seule vie, il ne peut pas montrer ? Cela expliquerait l'obligation de renaître en plusieurs vies.

De même, il est plus facile pour Crésus d'assister en argent son prochain plus qu'un pauvre qui, à sa faim ne mangeant pas, partage son repas par privation. Ce dernier mérite bien plus en donnant le peu qu'il a. Alors dans une autre vie, la situation inverse du satrape le mettra à l'épreuve de donner quand peu il aura, évaluera l'importance de son aide.

6

À l'opposé d'exutoires plaisirs qui se présentent à notre tentation, la félicité se construit. À vouloir grandir, il m'est permis d'espérer. Rien n'est arrêté, toute ambition est louée si elle ne fait pas outrage aux créatures de la Nature. Toute progression fait réponse à une quête.

D'autres questions sans cesse se pressent à mon imagination : à quelles conditions devons-nous nos racines africaines ? Par quelle occurrence notre ascension provient pour que l'insolite progrès mène à l'Homme.

Après des millions d'années, il fallut arriver à l'homo sapiens pour que l'humain prit conscience de sa vie et de sa mort, qu'il pleure et incinère ses morts, qu'il leur prépare le transport pour l'au-delà.

Alors qu'il accorde un sens aux manifestations terrestres qu'il craint, épouvanté à tort ou à raison, il prend conscience de la Toute-Puissance universelle qu'il divise en divinités, qu'il va placer et prier en tous domaines de sa vie. À chaque événement, il imagine une sanction bonne ou mauvaise.

En ces temps anciens, les peuples ignorants distinguent, au gré des évolutions de la lune et du soleil, de célestes figures qu'ils transcrivent par de multiples augures.

De ces divinations, des quidams trouveront là le moyen, par la superstition, d'user de la candeur de leurs contemporains pour s'adjuger le rôle de mandataire de leur destin. Ces prêtres, comme ils se nomment, font des prophéties en différents substrats. Ils sont craints autant des peuples que des rois, ils deviennent plus forts que les potentats qu'ils abusent dans les choix de leur politique.

7

Un jour, un schizophrène qui entendit la voix céleste d'un Dieu qui lui confie la mission de mener son peuple hors d'Égypte après des années d'esclavage, ouvrit la porte à l'exploiteur inventif qui viendra spéculer sur ce Dieu unique plus lucratif.

En totale liberté, avec forte persuasion, ses successeurs s'affirmeront, comme les ambassadeurs de ce Dieu, se qualifieront comme prophètes jusqu'à ce que l'un d'entre eux plus éloquent se déclare enfant de ce Dieu, roi d'un hypothétique royaume des cieux.

8

Au plus loin que je peux aller dans l'histoire des humains, prêtre, prédicateur, marabout ou frocard est un vampire sur les rois pour un indivis pouvoir ; il fait avec la ribaude le plus vieux métier du monde.

Aussi intelligent que puisse être un humain, la Nature en sa toute-puissance ne lui a délégué aucun pouvoir et n'en reste pas moins une chiure de mouche dans l'Univers abyssal.

Au fil des siècles, avec l'aide de ses acolytes apôtres, il crée la demeure de son Dieu. Il conçoit un climat par la crainte et la peur, il promet un paradis à ses idolâtres, et garantit un enfer à ses blasphémateurs.

De cette fiction, va naître une secte.

Pour avoir du crédit le prophète présente son « Dieu » comme un être parfait qui a manifesté ses lois sur des tables.

Il fixe un code et fabule une mythologie de laquelle des individus, au fil du temps, ont fait le choix de les interpréter à leur libre convenance. Pour qu'elles ne soient pas mises en doute, elles seront classées sous le vocable d'« Écritures Saintes » qui ne sont pas plus saintes et sacrées que le contenu d'un bottin téléphonique.

Le premier chef religieux de la secte, sera élu Pape par le Prophète. Les successeurs élus par les membres de la cour se présenteront comme les exécuteurs de la croyance malveillante.

9

Ces Écritures nous content, sur le modèle falsifié de la Toute-Puissance universelle, la création saugrenue de notre terre, par son Dieu, en six jours ; le septième jour il se reposa quand la semaine n'existait pas.

L'accès des humains à la vie, par nos parents Adam et Ève, est tout aussi désespérant.

L'anthropologue Smith Cameron en 2014, a déclaré qu'il fallait au moins 20 000 couples (hétérosexuels, sinon ça n'agit pas ; c'est un autre miracle, une autre histoire) pour assurer une descendance.

Pour ces mêmes raisons, Noé, qui fut par ce Dieu, employé pendant un déluge, à construire une arche pour y accueillir un couple de chaque espèce animale pour préserver leur lignée, est illusoire.

De plus, aidé de ses trois fils, il n'aurait pas pu construire un navire en bois de la taille d'un super tanker et parcourir tous les continents pour recueillir un couple de chaque espèce.

Le temps lui aurait manqué et n'aurait jamais pu aller jusqu'à la fin de sa tâche. Il faut être naïf pour croire de telles inepties.

10

La secte, pour obvier à ses insuffisances, déguise et force par la Foi notre ignorance ; elle tente de séduire d'abord les plus faibles, les illettrés, les pauvres et les désespérés.

Pour mieux faire intégrer ses projets, elle rend réaliste sa fausse divinité, assure et berce avec le concours du maître à penser, prêcheur de belles sornettes, l'assistance hébétée qui écoute ce que depuis longtemps, elle voulait entendre.

11

Pendant des siècles, la Secte expliquera sa magie comme un moyen de faire passer pour vrais, ses faux miracles. Pour avoir l'exclusivité de ce pseudo-pouvoir elle déclarera cet acte comme un trait du Démon pour qu'aucun escamoteur adroit puisse faire ses identiques leurres. Il aurait démis ses fondements fragiles, incertains, narrés dans sa saga du nouveau et de l'ancien Testament. De nos jours, ce vaticinateur-astrologue serait enfermé en maison psychiatrique.

À l'inverse du prophète qui ensorcelle une populace en état émotionnel par des écrits chimériques qui devaient être acceptés ou forcés par des manifestations hardies et fanatiques au péril d'y perdre la vie, Michel de Nostre-Dame fut un apothicaire connu pour sa mantique séculaire. Ce prophète à l'époque de la Renaissance aux présages exacts, souffrit de médisance.

Pour un croyant, le prophète est un messager envoyé par un Dieu, il ne peut pas être séculier.

Le prestidigitateur, manipulateur, rebouteux et guérisseur fera croire aux personnes à l'âme simple et craintive qu'il donne aux gueux ce qu'ils désirent en s'exprimant par des mots mielleux et sournois.

De peuple à peuple, la secte va, se propage, adapte son Dieu au mieux de ses avantages.
Dans son mariage, elle lie un couple hétérosexué. Elle respecte la femme sans lui donner de crédit, puisqu'elle l'a mise sous les ordres du mari auxquels elle doit se plier.

La Puissance universelle est en l'homme, elle est sa nature. Il est inutile de la représenter par des images et des sculptures. Elle est présente sous nos yeux dans tous les aspects de la vie. Elle est la créativité. Elle nous renvoie la condition de nos pensées qui nous fait responsable de nos actes. Ce n'est pas la Nature qui est cruelle, ce sont nos convoitises.

12

Le premier chef religieux de la secte, Pierre fut élu Pape par le Prophète qui lui dit : « Tu es Pierre, et sur cette pierre, je bâtirai mon Église ». Ce concetto désigne leur Jésus comme Français, comme aussi le confirment les prénoms de ses disciples.

La cour Papale élira à chaque décès de son gourou, son successeur, qui se présentera, comme ses prédécesseurs, l'exécuteur de cette croyance malveillante.
Il ne lui restera plus, après moult manipulations et traîtrises, de forcer l'adoption de son Dieu à une nation. Une fois l'agrément volé, la secte deviendra officiellement sa religion et ainsi de bataille en bataille, de guerre en guerre, s'étendra son hégémonie sur les pays.

Sur son ordre irrévérencieux et pusillanime, l'instigateur religieux fait dire par sa divinité ses souhaits, comme la fillette fait parler sa poupée.

Il est désigné par son Dieu muet comme le garant unique de son code d'horreurs. Il fait, par sa camarilla, assassiner par jugement inique, par pouvoir politique, ceux qui, à ses humeurs ne s'inclineraient pas.

13

De la tactique contre Arius, l'empereur Constantin 1er, au concile de Nicée en 325, fit reconnaître au vote, par les acteurs d'une saynète, la divinité du prophète trois cents ans après sa mort. Hors de son époque c'est une mystification. Par la défection du Pape Sylvestre 1er, le vote ne peut pas être validé, mais cette fable plaît aveuglément aux croyants qui l'adoptent par consensus. Après cela, il fallut aussi, faire gober que l'onirique sauveur fut engendré par une mère vierge. Cela ne peut se faire, sauf si la naissance est donnée par une mère porteuse anonyme, mais là encore le fidèle croit en tout ce qui vient de la secte.

La fabulation du purgatoire est aussi soumise à un vote au concile de Trente, le 3 décembre 1563.

Aujourd'hui, le Pape François annonce à ses Fidèles que l'Enfer n'existe pas, mais tout ce qui leur a été infusé depuis des siècles de dégénération en dégénération reste ancré dans leur cerveau délavé.

Rien de ces votes n'est de droit. Le Dieu de cette secte est donc un groupuscule de mortels qui se place au-dessus des crédules.

Il n'en reste pas moins que des milliers d'adeptes approuvent encore ses principes incohérents.

L'impotent, l'indigent ou le hère, croit en son pouvoir à son argumentaire, pense que l'envoyé de ce Dieu contiendra sa misère.

Le prophète, qui humblement pour l'occasion s'est déguisé en berger, oblige ses moutons à une pleine adhésion à sa loi et répliquer à ses cris contre l'hérésie.

À son autorité, ils doivent être sans condition, soumis.

D'autres peuplades prendront connaissance de ce divinateur venu tirer profit des souffrances de l'homme et de ses iniquités. De cet exemple juteux, naîtront d'autres sectes tout aussi avisées qui obtiendront également par la peur, leurs prérogatives.

Dans une guerre, le gourou a ses exigences, par rançon au vainqueur le vaincu lui doit allégeance.

Par son Dieu, il a le pouvoir absolu de détruire toutes les croyances vaincues, qu'aux armées plus faibles, les soumet à l'avilissante obédience de son culte.

Il a qualité par prétextes controuvés de provoquer une

croisade déguisée, une offensive pour assaillir un État et tuer son peuple si contre lui, il se révolte ; affirmant riposter à des terroristes qui sont en vérité des résistants au bras colonialiste.

Tyrannique, il use des cruautés, que par moyens de pression pour asservir les peuples, communistes et nazis adopteront plus tard.

Avec l'aide d'accords politiques étrangers et de puissantes armées, un peuple peut passer de martyr à tyran, pour partager les mêmes intérêts.

Dès la défaite, le chef religieux inféode les princes par l'initiation aux délires du prophète.

Pour mener le peuple à suivre son roi acquis à sa cause, il édifie avec fatuité son clocher.

Il fait considérer sa puissance aux citoyens qui doivent afficher de plein gré leur soutien aux prérogatives, davantage affermies de sa prétendue certitude.

Par des politiques menées, il manœuvre les grands par promesses calculées. Il se donne le droit au fil des ans de poser, déposer et chasser les rois. L'obscur pontife contraint un chef, un prince à subordonner son royaume à ses lois et en contrepartie, de sa qualité gardée, le souverain lui fera oblation de vastes propriétés.

Le gourou règne alors sur beaucoup de provinces, sur des seigneurs avec leurs bourgeois, leurs hobereaux et leurs princes.

L'écornifleur gagne de politiques charges, comme la législation de la Justice, dans laquelle il fixe la torture au nom de « La Question ».

Quelle disproportion dans ses marchés de dupes que de troquer des impostures contre des biens. Fut-il roi ou empereur, l'être humain est naïf, quand pour ses péchés, il trouve un remède siccatif.

Le Maître sait où sont ses meilleurs placements. À quoi bon agiter un Dieu terrorisant s'il ne génère pas des revenus importants et n'avalise pas son régime oppressif. Mieux vaut le pouvoir et les plaisirs peu sérieux que de redouter son au-delà litigieux.

Ne se persuade-t-il pas de ce qu'il assure ? Ne s'enivre-t-il pas de ses propos peu sûrs, qu'à force de fredonner de telles élucubrations il finit par en est imprégné et qu'en vivre au quotidien, il confond et ne sait où est le mensonge et où se tient la vérité.

14

La gourmandise, mère de nos souffrances, rancune d'un odieux débordant de clémence parce qu'un homme séduit par une femme a croqué dans le fruit de la Connaissance. Par ce symbole, la secte entend garder l'usufruit du savoir.

Comble du paradoxe, ce même fruit défendu est aussi le symbole du péché de chair alors que son Adam et son Ève, mariés, ont été conviés par son Dieu à procréer pour se multiplier.

En déclarant par son Dieu l'état de ce péché, pour avoir voulu à son insu, compromettre ce que de lui, nous ne devions pas connaître, la secte nous mène insidieusement au baptême pour nous y faire laver. Mettant d'office même un nouveau-né en état de péché.

Au début, à l'instar du nabi ondoyé pour l'exemple, aux adultes seulement le baptême était donné, mais de nombreux agneaux décédaient en bas âge, c'était dramatique pour la secte de perdre les enfants de ses moutons, parce que le baptême est un contrat de soumission à la secte comme l'esclave l'est à son maître. Il valait mieux baptiser les nouveau-nés, et au plus tôt les intégrer dans son troupeau,

Le Pape Augustin 1er, chef d'Hippone, pour s'approprier l'âme du bambin, par un arrêté au 16e concile de Carthage de l'an 418, affirme la doctrine du Péché Originel, néglige le consentement du catéchumène et déclare le baptême « Quam Primum », ne manquant pas d'accabler les parents, garants du nouveau-né, de le condamner s'il n'était pas baptisé, à aller en Enfer pour la vie éternelle s'il lui arrivait un événement mortel en l'absence de ce cérémonial sacré. Terrible chantage mafieux que ce procès.

Je fais partie de la Toute-Puissance universelle. Il n'est pas besoin de prouver que je suis Elle, et comme l'adepte d'un dieu, être comme un bovin, au fer rouge, marqué.

Pour impressionner le cerveau de l'enfançon, la secte le maintient par la coercition, à l'omniprésence de sa divinité par des liturgies, des fêtes glorifiées tout au long de sa vie, par les solennels offices de sept sacrements, qui retiendront en captivité l'esclave de cette croyance.

Enfin, la secte le rappellera en cas d'oubli, à son souvenir maudit, par l'extrême-onction.

15

La religion maintient avec rigueur, l'énormité flagrante de ses turpitudes. Alors qu'elle déclare qu'un mariage doit être consenti par le libre accord des deux parties concernées, pourquoi par une alliance aménagée, des rois et des reines ont dû se résigner aux raisons d'État qu'à celles des sentiments ?

Cette secte ravit, par son haut parlement, les règles pour les aménager à son appropriation.

Par l'importance qu'elle donne à la noblesse elle fait par celle-ci, lever des barrières, qui créent des castes et nomme mésalliance un hymen entre la noblesse et la roture. Pourtant, cette liaison n'est pas contre la Nature puisqu'elle nous a tous façonnés égaux.

Je vais, autant que faire se peut, soumettre à votre réflexion ce que des religions ont fait d'actes notoires.

Depuis plus de cinquante ans la papauté ambitionne de s'approprier les riches terres occitanes. La stratégie sera la terreur et les massacres systématiques.

À l'arrêté, au prêche d'Innocent III, la décimation des parfaits est acceptée par la croisade contre les Albigeois rétifs à la religion. Le 22 juillet 1209 est faite la mise à sac de Béziers. Dans les églises, furent tués malgré l'hospitalité mise, 20 000 prêtres, hommes, femmes, et enfants. Les croisés mirent la ville à feu et à sang. Malgré cela, tous au même Dieu, croyaient. Arnaud Amaury, le légat du Pape, aurait meuglé : « tuez-les tous, Dieu reconnaîtra les siens ».

En 1243, le concile de Béziers décide de faire tomber le château de Monségur, qui est devenu une importante place forte et lieu de pèlerinage pour les cathares.

La situation du château ne permet pas l'assaut. Le siège est confié à Hugues des Arcis, sénéchal de Carcassonne.

Les cathares ne voulurent pas se soumettre. Ils tinrent bon.

Après dix mois de siège, les faidits ne voulurent pas prendre les armes contre leurs frères auteurs du blocus. Ils se rendirent aux assaillants qui n'usèrent pas des mêmes sentiments. Le 16 mars 1244 fut fait promesse de gracier les idolâtres s'ils reniaient leur foi à Dieu pour celle du pape. Quelle prétention que demander le choix entre un gourou et son Dieu.

Que valent paroles de traîtres, qui à la hâte firent brûler vifs plus de 200 hérétiques pour être restés fidèles à leur éthique ? Quant aux pénitents qui fuirent leur confrérie, pour les récompenser de s'être repenti, ils furent enfermés dans un cul-de-basse-fosse par les fourbes pour terminer vivants, dévorés par les rats.

17

Philippe Le Bel, ayant une énorme dette empruntée aux templiers, ne trouva pas mieux à accuser ces derniers des perversités les plus abjectes en espérant les mener au bûcher et ainsi en un coup, non seulement effacer son ardoise, mais également s'approprier leurs biens.

Le 13 octobre 1307, il fait arrêter tous les templiers de son royaume. Sous la torture, ils reconnaissent les fausses accusations qui les rendent coupables devant le roi de France.

En 1308, le Pape Clément V, par lâcheté, reconnaît la réalité des crimes.

Les hauts dignitaires, après une longue attente, furent également abandonnés par le Pape pour laisser le jugement à une assemblée ecclésiastique parisienne placée évidemment sous le pouvoir du roi Capétien.

Le 14 mars 1314, cette assemblée condamna quatre dirigeants de l'ordre à la prison perpétuelle.

Deux d'entre eux, Jacques de Molay et le commandeur de Normandie Geoffroy de Charnay, clamèrent leur innocence. Le soir même, Philippe le Bel les fit mener au bûcher comme relaps, sans attendre la décision des juges ecclésiastiques, qui avaient trouvé le dossier des accusations peu probant.

18

Au nom de l'évangélisation, le Patron, pour développer les rentes de sa maison, fait piller des empires.
Pour exploiter au mieux sa position et garder sa divine personne immaculée, il conclut un pacte avec des mercenaires qui n'ont que faire à avoir du sang sur les mains. À l'aide de ces vauriens, il fit le génocide de nombreux Amérindiens.

L'empereur aztèque Cuauhtémoc fut torturé par Cortes, pour lui faire donner le lieu où son trésor était caché. Le 28 février 1525, il est garrotté à 29 ans, sans qu'aux tortionnaires, il ait dit son secret.

Par une invitation fausse et dissimulée, Francisco Pizarro, attira dans un guêpier le chef précolombien Atawallpa confiant, pour le catéchiser à son Dieu d'opéra.

Le prêtre Vincente de Valverde, bien plus immonde encore que son Patron romain SS (Saint-Siège), tend un livre à l'autocrate inca et lui déclare : « écoutez de notre seigneur Jésus les voix ! ». Celui qui escortait le monarque, traduisit. L'empereur alors porta le livre à l'oreille et l'ouït. En le jetant à terre, il aurait argué : « Il n'y a rien à entendre ici ». Surpris, l'infâme religieux cria aux spadassins : « Vengeance, vengeance, chargez dessus chrétiens, il a précipité à terre notre Foi. Puisque notre amitié ne veut pas, ni notre loi ! ». Au signal, les déchaînés sicaires à cheval, dissimulés derrière des maisons, avec rapidité, exterminèrent à l'arquebuse et au canon, la noblesse et 20 000 soldats non armés, qui, avec l'empereur, étaient venus en paix.

Cela ne suffit pas à assouvir les suppôts du Dieu sanguinaire. Le 16 novembre 1532, l'Inca est fait prisonnier par les sycophantes et le massacre dura jusqu'à la nuit tombante. À la suite de quoi, le saigneur Pizarro, l'exécuteur des basses besognes de la secte, vint à Atawallpa pour sa vile entreprise et voulu, pour lui laisser la vie sauve, la remise d'un tiers d'or et de deux tiers d'argent de rançon, soit 88 mètres cubes environ, presque 4 600 000 ducats. L'Inca honora rapidement le contrat.

Vincente de Valverde, à sa justice parodiée, sermonna l'Inca, qui à son Dieu rien n'agrée : « si tu refuses, roi pécheur, sera vivant, contraint par la guerre, par le feu et le sang. Toutes tes idoles seront au sol, jetées. Nous t'assujettirons à laisser par l'épée ta fausse religion, que tu le veuilles ou non ! ». Ainsi, ces mots sont ceux d'un envoyé d'un Dieu bon.

Pourquoi aurait-il une fausse religion ? Qui détermine la véracité de son Dieu ignoble ?

Atawallpa, dupé par les voyous infâmes tel Filipillo épris d'une de ses femmes, explique : « parler par l'intermédiaire d'interprètes profanes ou de messagers, équivaut à se parler par l'intermédiaire d'animaux domestiques ! » avant de se taire.

Pizarro par une seconde trahison ne tint pas sa parole. Il fixa sa sentence et neuf mois plus tard, le condamna au bûcher. Le 29 août 1533, sous l'intimidation du maudit Valverde, futur gouverneur du Panama, l'empereur doit coopérer et se faire baptiser s'il ne veut pas périr brûlé vif. Il se soumettra aux exigences de ses tortionnaires, pour finir garrotté.

Pour éviter les représailles de son peuple, ses funérailles seront faites en grand deuil.

Il fut mis en terre en spectacle dévot avec le

pseudonyme de Juan Francisco.

Qu'importe qu'il ait cru ou non à ce Dieu fantoche par le chantage et la ruse, il était important pour des raisons cupides que son baptême imposé paraisse vrai. La secte devait lui ôter sa conversion pour s'approprier les trésors de son empire.

Par cet horrible exemple avec peu de gâchis, la secte a évangélisé ses gens pour les asservir.

Pour une religion, quels que soient les moyens, l'important est d'augmenter le nombre de ses adeptes, supprimer les habitants qui encombrent son plan pour s'assurer que leurs Dieux ne fassent pas ombrage au sien.

Malgré les refus à l'omerta, les ligués, amis des Indiens, Las Casa Bartolomé prêtre dominicain, missionnaire, écrivain, et historien espagnol et Acosta José, jésuite, missionnaire et naturaliste espagnol, les soudards de la secte pillèrent l'empire et détruisirent une grande partie du peuple. La variole et la rougeole décimèrent le reste. Ils réduisirent au servage ceux qui résistèrent pour périr d'inhumaines façons dans un bagne ou dans des mines comme en témoigne celle de Potosi en Bolivie, qui fut la plus meurtrière.

La secte conseille de tendre l'autre joue, si tant est qu'elle ait pris un coup sur une. C'est une doctrine qu'elle cite quand c'est elle qui gifle. Ses massacres ne laissent rien entendre de tel.

L'évangélisation, entrouvre par l'esclavage la route des profits aux riches siphonneux comme nos actuels pays industriels ; donne la jouissance à des « Monseigneur » religieux, de travaux et d'ouvriers gratuits.

En 1500, le Pérou comptait 6 000 000 âmes ; il n'en restait que 1 200 000 en 1561. En tout cela où est l'amour de ce divin ?

À tous ces massacres, ils ne s'arrêtent pas. Le 15 novembre 1533, la secte conduit le sac de Cuzco, a l'irrespect des momies, aux pillages des temples.

La secte, ensuite, dicta un édit au nom de « L'extirpation de l'idolâtrie ».

Pour imposer à ces peuples le pire des Dieux, si tant est de penser qu'il puisse y en avoir de moins cruel, la secte alla même prescrire à ce peuple la position du missionnaire dans leurs accouplements.

Après cela, l'heure de rendre des comptes à la Puissance universelle arriva en juin 1540 par l'assassinat de Francisco Pizarro. Le 31 octobre de la même année, vint le tour de l'exécution de Vincente de Valverde par les indigènes de l'île de Puna.

Par ses sentences justes contre ces parias, la Toute-Puissance universelle reprend ses droits sur ce Dieu et ses chapelles.

Demander pardon aux Indiens opprimés ne leur rendra ni leurs biens ni leur dignité. Il ne peut y avoir prescription des tortures et les déchirures du corps de nos frères martyrs.

19

Dans la nuit du 24 août 1572 furent exécutés, sur ordre du roi Charles IX sur les conseils de sa mère Catherine de Médicis, les massacres de la Saint-Barthélemy. Au matin de cette journée, le roi ne put arrêter la fureur déclenchée par la haine entre la maison de Guise représenté par Henri 1er Duc de Guise à la tête de la Ligue fascistes catholiques et Gaspard II de Coligny de la maison des Châtillon-Montmorency chef des Protestants.

La Toute-Puissance fera payer à Charles IX son choix d'avoir préféré écouter son Dieu, en le faisant transpirer avant sa mort, le sang des Protestants qu'il fit couler.

20

Alors qu'Aristarque, de 310 à 230, avant notre ère, vante l'héliocentrisme, le dominicain et philosophe italien Giordano Bruno adhère à cette pensée qui consiste à placer notre astre au centre de notre système solaire. Sacrilège suprême. On ne doit pas contrarier la pensée de la secte qui dit que son Dieu a situé la terre au centre de notre monde.

Cet Italien martyr de la libre-pensée sera brûlé vif sur un bûcher à Rome le 17 février 1600, par des ignorantins, membres du tribunal de la secte. Depuis nous savons que la Toute-Puissance a bien fait cela. Nous pouvons dire avec bon sens que le Dieu de cette secte est faux et clairement fabriqué et que l'infaillibilité de son chef est illusoire.

L'exactitude met à mal l'autorité de la secte qui ne peut réfuter les preuves de la science. Elle l'embarrasse pour la voir se répandre, seuls quelques primaires persévèrent à l'entendre.

Combien de nos aïeux ont péri sur les bûchers. Que d'exterminations, de tueries exécrées que la religion, au nom de son idole, a perpétré sur nos ancêtres suppliciés.

Galileo Galilée, qui affermissait l'opinion de Copernic, fut gracié pour avoir abjuré son assertion à l'héliocentrisme.

Ce n'est pas admettre que de capituler par la crainte, de la torture ou du bûcher, causée aux détracteurs de contrevérités, comme la religion en a tant abusé.

21

La Nature ne sera pas plus tendre avec le roi Louis XIV qui a décidé d'abroger l'ordonnance de Nantes le 18 octobre 1685, ratifiée par le roi Henri IV pour libérer les croyances, en organisant de 1680 à 1715, avec l'appui de Michel le Tellier de Louvois, ministre de la guerre, qui approuve la révocation de l'Édit, les dragonnades contre les Protestants pour les obliger à se convertir.

22

Le 23 juin 1858 à la tombée de la nuit, Edgardo Mortara, enfant juif de 6 ans, est ravi à ses parents par le Père dominicain Pier Gaetano Feletti, pour le compte du gourou Pie IX.

Ensorcelé par un baptême simulé, que plus âgé, il ne voulut plus retourner dans sa famille, alors que son baptême n'avait aucune valeur.

Après ses abjections, la religion aspire à sortir mes larmes sur ses pseudo-martyrs.

L'archéologue nous dit que ce sont des sophismes ; les Romains laissaient la liberté des croyances. Si dans les arènes leurs suppliciés périrent, ils le furent plus pour des actes de terrorisme que pour leurs offices.

La secte eut moins de victimes qu'elle en fit. En ce temps n'était pas la funeste religion que plus tard, les peuples connaîtront à leurs détriments.

Elle ne désignait pas encore un corps subversif tant, le nombre des comparses était limité.

Avant que la faction manifeste d'hostiles intentions, les Romains ont fait aux pays souverains, avec intelligence, un manifeste de l'union de leurs divinités aux leurs.

Voilà les dommages que peut provoquer une religion sur un cerveau humain simplet.

Que serait-il de nous advenu par le maître responsable du sang versé de nos ancêtres, s'il avait imaginé un gaz mortel, les fours crématoires eurent remplacé les bûchers.

L'absolutisme est à l'origine des sectes monothéistes avant que le socialiste italien Benito Mussolini lui donne le nom plus moderne de fascisme en 1922.

Le 11 février 1929 par l'accord du Latran, ce dictateur fait du Vatican la propriété de la secte.

23

Le Pape, que ne bannit-il pas ses pédophiles par un concile, avec la même ardeur qu'il mit pour les contraceptifs et les avortements ? Pourquoi ne les combat-il pas avec la même véhémence, qu'il eut quand il extermina les hérétiques. Au lieu de cela, des dynastes sataniques, pour étouffer les actes pédophiles de leurs membres sur des enfants qui leur ont été confiés, les déplacent du lieu où ils ont commis leurs crimes, en d'autres lieux autant que faire se peut, pour ne pas laisser des traces de leur passage, pour refaire, ailleurs en toute impunité, les mêmes forfaits, les mettant à l'abri des parents obstinés qui les traquent.

24

Le 20 mars 2001, accusé de « la conspiration du silence », le Parrain des catholiques reconnaît que des prêtres ont fait de nombreux viols sur des nones. L'un d'eux s'adonna à une messe de requiem, pour une abbesse à qui il avait enjoint d'avorter ; elle ne supporta pas l'opération et mourut.

Faut-il qu'à des médias d'investigations ces agissements parviennent pour que le gourou daigne demander pardon aux victimes ?

Par la Nature, n'est pas transmise la rancune. Elle unit les Êtres pour le meilleur d'eux-mêmes. Haine et cruauté sont de tous les animaux, propres à l'humain ; les animaux n'ont pas ces vices.

Longue, est la liste des exactions, seulement pour cette secte.

25

Comment croire, de nos jours, une religion, quand les scientifiques nous publient ses inventions. Les fondations d'une secte seraient fragiles si elle n'avait pas l'asile des ignorants. Le récit de son idole est tellement saugrenu qu'elle ne peut sur ses traits assurer sa parole.

De sa fabulation insensée, la secte doit faire usage de son passe-partout : la Foi.

Les officiers de cette confession, croient-ils en leur épouvantail ? Si tel était le cas pendant une bataille, entre deux sectes, la perdante saurait que son Dieu n'accepte pas ce combat, et se retirerait. Au lieu de cela, elle se maintient dans la lutte, c'est bien la preuve que son théisme est illusoire et feint. Si dans cette guerre, elle eut été victorieuse, pour rien son Dieu, en sa victoire, n'aurait été. Ce qui la gênait, je me le figurais à présent, était qu'une autre secte lui montre son pouvoir en imposant à ses fidèles un Dieu plus puissant.

J'appréhendais que la croyance fanatique soit le commerce d'un Dieu fantasmagorique, par des individus aux malveillants projets, sans honnêteté, pour remplir leur volonté envieuse et cupide à trouver la façon d'affermir leur autorité sur notre candeur.

La Création nous a donné le libre-arbitre, à quel titre la religion nous l'arrache. Elle vole notre identité et bride notre pensée. Pour juguler nos facultés elle nous guide un bâillon sur la bouche, un bandeau sur les yeux et ravit la Toute-Puissance universelle en faveur de son Dieu.

Par quelle intelligence, en quelle qualité et en quoi, le gourou est plus élevé que moi. Par quelle allégation nourrit-il ma culture ? Par quelle mission il supplée la Nature ?

La secte d'aujourd'hui veut être à son tour, à l'identique de la secte d'antan, la religion officielle pour s'attribuer la plus grosse part du gâteau de l'irrationnel.

26

Nourrie par la haine des sectes qui tancent, qui versent leur fiel acide avec véhémence dans des combats impitoyables, sans quartier comme les croisades nous les ont rapportés, l'Humanité souffre des guerres fratricides des sectes pour que l'une, parmi d'autres, soit notre égide.

On peut être areligieux et ne rien renier des dieux, que plaçaient les antiques dévotions au quotidien dans chaque sujet de leur vie, qui les encourageait à parer au destin, avant que viennent les religions monothéistes avides de conquête et à tort, moralistes sous la force d'un principe omniprésent, absolu, qui veut exterminer dans le sang ceux qui désavouent leur dogme. Elles imposent à ceux qui cèdent et entravent ceux qui les gênent.

27

Quatre cents ans plus tard après la naissance de cette secte, il s'en créait une autre avec un Dieu tout aussi abject, avec des règles et des lois différentes, exigeantes, qu'il faut satisfaire.

Elle applique les mêmes recettes sanguinaires, mais avec des facettes plus vicieuses, plus inhumaines, avec pour prophète, un chef de clique schizophrène mafieux qui a, de 618 à 632, exécuté pas moins de 107 infamies, crimes et assassinats.

Ce gourou approuve pour l'homme la polygamie qui n'est autre que la perversité du proxénète dont il serait le seul client. Il soumet la femme aux rigueurs de son mari qui l'assujettit aux labeurs ménagers et aux outrages. À l'image de son Dieu machiste et misogyne, il interdit à la femme l'accès aux activités des hommes. Quelle offensive de la sectaire oppression de l'ayatollah contre l'instruction pour proscrire l'égalité des sexes en interdisant à la femme l'accès à enseignement.

Ce forban ne voudrait pas voir par une femme, gouverner son pays avec compétence et faire le constat de le bien gérer comme il en est dans les pays civilisés.

Ce divinateur détermine au couple un régime alimentaire et un jeûne sévère.

Pour mener aux causes de son Dieu, pour faire adhérer à son organisation et avoir son veto, il brise les os, arrache les membres, lapide et décapite en place publique.

Il juge et fait exécuter, pour assurer la sentence.

S'il avait dit en toute connaissance que son Dieu réclame le trépas de l'impie, s'il avait attendu âprement la mort qu'il demande, il eut pu patienter à l'infini pour voir s'abattre la sanction tant désirée, pour ne la voir pas venir ; la Toute-Puissance est la libre-pensée. En ne condamnant pas, elle aurait dénoncé l'incapacité de l'usurpateur à représenter sa puissance sur terre par son Dieu et déclarer manifestement l'illusion faite à sa clientèle.

Pour se préserver de telles situations, pour que le gourou garde sa domination, il commet lui-même l'exécution en se désignant comme la main de sa divinité et ainsi valide un déni de justice par un Dieu inventé pour se couvrir et ne se rendre coupable en rien. Il n'est pas blâmé de ses maudites actions, puisqu'elles sont la résolution de son Dieu.

Ce Parrain impose son autoritarisme, mène des ignorants braillards au fanatisme, saccage toutes traces des autres croyances et presse sur les États, par ses déments incontrôlables, une constante menace sur le monde.
Il établit au prix de génocides immondes, son Dieu pour lequel il commet ses exactions. Il confirme sa volonté par l'oppression.

Pour faire adhérer, malgré lui, à son organisation un conjoint d'une autre confession, il profite de la passion du couple pour le priver de vie commune en l'obligeant avant mariage, pour trouver le chemin qui le mènera à la dévotion de sa trompeuse religion, à se procurer l'autorisation indispensable authentifiée par sa sainte bénédiction. Après quelques obséquieux salamalecs et incantations, c'est chose faite.

Le chef religieux valide la pédophilie sur une fillette de sept ans, que son père unit à un homme mûr, lubrique, déjà marié, qui pourrait être son grand-père.

28

Dès lors, je cède au doute. Je me renforce. Je détruis ce qui avait été mis par force dans mon cerveau lavé avec application pendant autant d'années à mon insu. Je me rends compte que longtemps conditionné, combien il m'était difficile de raisonner. De ma cérébrale réflexion, j'évalue l'opiniâtreté qu'il me fallut pour me sevrer.

J'ai appartenu honteux par mon père et par ma mère à l'une de ces idolâtries meurtrières. Dans ma disgrâce, je dois dire qu'au Dieu que je fuis, j'eus le sort d'avoir reçu, par cette religion, le baptême sans avoir fait l'objet d'une ignoble ablation. Mes parents ne s'étant pas révélés indignes par le viol de mon corps, je ne dus pas les traîner devant le tribunal des humains pour y faire savoir un acte malsain.

Comme je vivais cette situation comme une tare, je

profitais de la loi du 6 janvier 1978, pour demander à un représentant de la tiare de procéder à l'annulation de mon baptême, d'ôter mon nom sur ses registres et me défaire de ce licol qui me lie administrativement à cette secte. Il me répond : « Dieu ne peut défaire ce qu'il a fait ! ». Mais c'est quoi cette ineptie, c'est son con-frère l'auteur de ce méfait. Avec ostentation, je montre mon dégoût pour cette croyance humaine que je déteste autant que les autres.

J'imaginais qu'avec volonté, si par dépit, tous les baptisés demandaient l'apostasie, il s'ensuivrait un désastre à cette appartenance. Dans le monde, s'affaiblirait son influence et mettrait en doute l'intronisation divine du gourou, donc de son pouvoir, par un schisme.

Seuls des adeptes flatteurs comme le sont la plupart des aveugles croyants, se font encore baptiser par réflexe ou par coutume, mais peu par conviction.

Je suis hérétique je reste toutefois comptabilisé parmi ses moutons.

La secte compte ceux qui se font baptiser, mais n'ôte pas ceux qui ont abjuré, parce qu'une fois converti, on y est à vie, c'est en tout cas ce qu'elle veut me faire croire, dans le but de représenter de par le monde le plus grand nombre, par ses fidèles adhérents.

J'apprécie à quel point une adhésion est d'une grande importance pour les religions ; qu'importe que la quantité des inscrits ne soit pas celle des croyants, seul le nombre doit être imposant.
La secte doit faire reconnaître l'importance de son Dieu et y montrer sa puissance comme, authentique. Plus ses fidèles sont nombreux et plus son poids politique est grand.

29

La Force créative n'appartient à personne en particulier, mais se trouve en chacun de nous, athée ou croyant, elle donne à tous les Êtres sa nitescence. Il n'est point besoin d'avoir d'elle sa reconnaissance. Nous sommes Elle. Un baptême serait un pléonasme, même un mécréant est né de sa faculté.

La croyance d'un Dieu est d'une époque révolue, aujourd'hui, avec l'instruction et les chroniques, les bergers et les pêcheurs n'avaleraient plus les inepties des avis évoqués de jadis. Les gens sensés n'accepteraient plus à présent leurs divagations aussi naturellement qui depuis vingt siècles maintenant, les éprouvent. Le délaissement des offices nous le montre. Il ne reste que le vieux noble pour croire en la religion pour avoir eu d'elle, l'hégémonie sur ses serfs et valets, le dispensant, pendant des siècles, de travailler. Un Dieu n'a de valeur qu'à ceux à qui il profite.

De son point dogmatique, elle ne doit nourrir aucune

politique. Si je ne crois pas à une divinité, je ne dois pas m'obliger à y adhérer par tradition familiale par laquelle je donne le blanc-seing à la cabale. Je dois cesser mon attitude déférente à la camarilla despote et méprisante. Je dois couper le lien de ma fidélité aveugle qui la nourrit et ne pas dicter, comme l'ont fait mes parents, l'influence d'une croyance à mes enfants.

Par crainte de la secte, dois-je lui faire don à me mener malgré moi où bon lui semble ? Je n'offre pas mon âme à un ciel si douteux.

C'est imprudent de donner crédit à des individus inventeurs de ces dieux, et aveuglément de s'en remettre à leurs vues. J'adresse à votre sagesse, le libre choix en ne vous faisant pas baptiser.

Nul ne peut, pas même un parent à juste titre, au nom de l'unicité et du libre-arbitre, imposer aux générations, dieux ou croyances. Croire ou ne pas croire, je laisse la préférence.

La religion nous veut mettre dans son troupeau de moutons assidus et suivre aveuglément un pasteur qui n'en sait pas plus, parfois moins, que ses ovins sur l'origine de notre Création. La secte a propagé durant des siècles par le chantage de ses saints Écrits de science-fiction, la crainte de voir jeter à jamais mon âme dans les abîmes du néant, aux flammes de l'Enfer si je ne poursuis pas ses règles incisives. Par cette peur qui fait renoncer à la raison, les moutons continuent d'obéir au pasteur, pour ne pas découvrir qu'ils se bercent d'illusions. Quel néant que l'absence totale d'espoir s'ils ne pouvaient savoir à l'avance leur avenir ; à quoi se raccrocheraient-ils en fin de vie, s'ils doutaient de leur salut, s'ils se méfiaient de leur croyance, depuis si longtemps mise dans leur cerveau en errance, aux amènes promesses, à un Dieu auquel ils ont juré soumission et loyauté. Iront-ils en ce Paradis factice, tant promis ?

Soumis, comme Jacquot, ils se feront l'écho de ce que le prêtre leur prêchera. Ils resteront toujours pauvres mais rassurés. Leur vie entière, ils seront voués à ce Démon.

30

L'incroyant est aussi borné pour douter de ce qui nous entoure. Il serait prétentieux de ne pas constater le concept des forces hors de notre savoir.

Cette Énergie, jamais n'a donné le pouvoir à un être humain, fut-il le plus instruit des savants, pour la représenter.

Pourquoi tous les gourous veulent nous initier à leur croyance. Quelle importance a pour eux de mener le monde, en quoi gêne notre impiété à leur idole, peut-être de ne pas avoir le monopole sur notre esprit.

Par quelles lois ces autocrates religieux, s'octroient le droit de nous administrer.

Pour fédérer, ils doivent endoctriner l'ingénu à leurs stupidités et faire adhérer de gré ou de force l'intelligentsia récalcitrante.

Les religions veulent agir sur l'humain, en ne lui laissant pas le choix de son avenir, en le faisant obéir aveuglément à des parrains mégalomanes qui ne sont pas plus certains de l'avenir de nos vies, que le singe le plus idiot, né sur la terre.

31

Je vécus des années à contre-courant de ma raison, j'eus tant de déceptions et de contrariétés, que je vins à m'enquérir sur mes anamnèses. Je ne peux que me rendre à l'évidence que je suis seul responsable de mes déboires, je n'unis plus autrui à mes difficultés que je mis à sa charge par commodité. L'obsession par l'apprentissage, d'en savoir chaque jour davantage, finit par me faire entendre ce que trop longtemps, j'ai voulu ignorer. Je prends l'herméneutique des textes comme le sacrilège de fantaisistes camelots, de spicilèges que veulent faire tenir sacrés leur religion pour solenniser les exactions de leur maître oppresseur.

Je jure de dire non à ces amphigouris. Je ne donne plus mon accord à ces actions. Dès lors, je mords dans la vie avec détermination et mes problèmes sont résolus avec raison.

À présent, je perçois une petite voix qui me conseille,

elle me donne chaque jour mon plein d'ardeur quand je me lève. Regrettant de ne pas l'avoir écoutée plus tôt, je réfléchis avec plus de lucidité. J'imagine qu'elle se manifeste en chacun de nous, pourvu que l'on prenne la peine de l'écouter.

Si l'être humain observait les admonitions, il puiserait de la Nature sa raison. Il prendrait leçon de ses incidents passés et, ainsi armé, il se protégerait de ceux à venir.

Si je devais retenir la leçon par la violence des sectes, je n'en retirerais aucune quintessence.

Je suis désapprouvé pour les agissements dont je suis coupable. Toutes mes pratiques sont comptabilisées, les bonnes comme les mauvaises. Conjecturer des raisons à ma destinée ne veut pas dire qu'elles seront confirmées. Pourquoi sur notre planète, y a-t-il entre les Êtres tant d'inégalités ?

Je n'explique pas les événements produits qui frappent des êtres par la paralysie, les dysfonctionnements et autres calamités. Je me garde d'éclaircir les fatalités. Je vis pour me racheter de mes actes consommés, exécutés dans mes vies présente et passées. Que je ne sois pas aujourd'hui souffreteux ne dit pas que demain, je ne serai pas comateux ?

Il y a ceux qui s'administrent la mort ; issu d'un défaillant état mental. Le suicide qui fut condamné durant des siècles par l'association de malfaiteurs religieux qui prenait cet acte comme étant la volonté du Démon, n'est pas dans la conduite humaine, il est indépendant d'une faculté saine. Quant à l'euthanasie, c'est un soulagement, un moyen d'éviter d'effroyables souffrances, de l'insoutenable c'est une délivrance.

Afin que je puisse comprendre l'intérêt d'aimer mes congénères et d'en être aimé, je dois prodiguer un altruisme véritable pour que mon éducation soit validée. Je dois aider mon prochain, au nom de la Fraternité, à passer les durs revers de la destinée du mieux que je le peux, mais le laisser par nécessité en résoudre une partie ; aide-toi et la Nature t'aidera.
Cette petite voix ne me contredit pas, mais ne me donne pas réponse à tout. Dans mon analyse, elle ne me décourage pas ; ma quête n'a de valeur qu'au prix d'obstacles. Je ne peux pas m'affranchir si je dois par paresse trouver l'excuse pour ne rien faire à m'en remettre sans cesse à la Providence et répéter : « à la

grâce de Dieu » ou « si Dieu le veut ».

Rien ne doit m'être concédé avec aisance. Je dois me donner les moyens d'exister. Ce qui me fait risquer tant pour les obtenir est, que la Nature à tout instant peut ravir ma vie. L'espoir me fait oublier les vicissitudes, me raisonne, m'installe dans une quiétude. Il me fait apprécier les bons moments ; après la pluie, le soleil.

32

J'ai déjà fort à faire pour m'abonnir sans culpabiliser à prendre du plaisir comme la Nature me le permet, ce n'est pas pour écouter un prêtre qui blâme mes arguments à l'envi pour réjouir ma difficile vie. Il prêche que tous les plaisirs sont les dons du Démon ; c'est son Dieu, voleur de mes désirs, mon Démon.

L'onanisme fut deux millénaires durant, pour la secte, un péché mortel. Les médecins prônent que l'acte est essentiel à l'épanouissement de notre sensualité.

Que de générations ont culpabilisé dans la perspective d'un châtiment divin, pendant que leur Pape et ses ministres forniquaient, comme l'Histoire nous rapporte les pratiques, vaquaient de l'adultère à la salacité, de la concupiscence à la lubricité.

Changeant en lupanar, la maison de Pierre. Ils font légataire des prostituées.

Il y a deux mille ans, cette religion monothéiste naissait.

Un de ses apôtres, Matthieu disait, « Faites ce que je vous dis, mais pas ce que je fais ». Cela laisse entendre qu'ils sont les seuls à ne pas avoir à obéir aux lois qu'ils nous infligent.

Si la Création avait enseigné à l'homme qu'il n'aurait des rapports pour seulement procréer, pourquoi n'aurait-elle pas, à la femme, comme, à tant d'autres mammifères, permis un état cyclique pour être fécondée ? Au lieu de cela elle les a tous deux gratifiés d'une libido, d'un tempérament constant, pour copuler selon leurs désirs et le moment. C'est donc qu'elle voulut qu'ils prissent du plaisir et non pas interdire les délices hors de la procréation, heureusement pour nous la Toute-Puissance universelle n'est pas Dieu. Ce n'est pas blasphémer que d'accepter le bonheur qu'elle nous a donné, mais eut été un affront si nous l'avions refusé.

Toutefois, pour la Nature, c'est pécher que de prendre une épouse pour lapine se moquant bien comme un Dieu, qu'elle succombe en gésine.

Les gourous veulent que nous culpabilisions pour avoir enfreint les désirs de leur emprise. Sur leurs fidèles, ils mettent une tension qui a sur les peuples de graves conséquences.

Combien d'êtres humains sont morts du sida pour avoir obéi insciemment au potentat qui leur recommandait de ne pas user d'un condom dans leurs rapports intimes ?

33

À quoi la religion est-elle décidée pour attirer dans sa toile les esprits niais ? Par son humanitarisme accusateur, en vantant la paix et son amour du prochain, elle me leurre. Par réflexe, je marche à ses raisonnements, alors qu'elle foule aux pieds ses commandements.

Elle m'accuse par mes manquements, de l'artificiel châtiment de son prophète sur une croix.

De ce pseudo-sacrifice, la secte applique dans mon cœur, par la manigance du symbole anthropophagique, l'immolation de son corps pour racheter mes péchés.

Au Démiurge, il n'est point d'offrande, de propitiation, pas de rachat pour lui prouver ma dilection, ni l'immolation d'un être vivant qui lui ferait outrage plus qu'une décente action.

Il connaît mes défauts et mes travers. Il me sait avoir des bons et des mauvais côtés. Il me fait libre pour maîtriser mes influences et viendra quand je lui demanderai assistance.

34

Le folklore religieux et son idolâtrie attirent davantage les faux fidèles dans son lieu de culte pour la possibilité d'user de la solennité d'une cérémonie d'enterrement ou de mariage, avec litanies et grandes orgues dans un décor rococo où la secte avec ostentation fait l'étalage impudique de ses ors volés à des peuples anciens qui ne demandaient qu'à vivre à leur guise. Ils ont payé de leur vie sans que cela nuise au Pape.

Demander pardon à ces Indiens opprimés ne leur rendra ni leurs biens ni leur dignité. Ne pas dénoncer de tels actes me fait le complice. Il ne peut pas y avoir prescription des tortures et des déchirures des corps de nos frères martyrs.

L'ecclésiastique monarque étale sa puissance en exhibant ces richesses immoralement acquises. Quel luxe pour qui prône la discrétion et la modestie. Ai-je entendu qu'il a fait don aux va-nu-pieds et rendu à ceux qu'il avait dépouillés ?

En admettant que la Nature eut la faiblesse de déléguer ses pouvoirs à des humains, elle eut fait une seule Religion, mais de ce fait nous n'aurions pas eu besoin d'aller vers elle. Il ne peut y avoir d'évolution possible si une ligne de conduite nous est donnée. Au lieu de cela, comme dans tous les marchés rivalise la concurrence ; nous avons 10 000 sectes pour 10 000 dieux. Nous n'avons que l'embarras du choix.

Tous ces dieux sont servis par des sectes qui pastichent à leur convenance la Très-Haute-Puissance universelle. Les hierophantes de toutes ces confessions accréditent que ces dieux, tout aussi dissidents qu'ils sont, ne font qu'un. Alors pourquoi leurs règles sont-elles si différences, sinon pour que chaque gourou, tel un pontife ait sa cour obséquieuse pour lui lécher mules, pantoufles et autres babouches.

35

Nous ne sommes pas égaux dans l'évolution, comme nous ne le sommes pas à la naissance.

À entendre de-ci de-là dans un prêche, les laïus du religieux qui spécule sur son divin, je me demandais où il trouvait les mots pour endormir des personnes savantes, pour leur faire accepter de telles énormités ?

Lorsque je m'aperçus que le prêtre m'affabulait par des boniments, des histoires insensées, qu'il m'abusait par des propos benoîts, je décidais de quitter cette cabale.

Je ne peux croire ce que la religion enseigne, comme quoi son Dieu unique est amour quand il saigne ; qu'il me protégera tout au long de ma vie à condition qu'à la secte, je sois converti.

Je cesse de suivre les galéjades d'un Dieu à tort miséricordieux et bon.

36

Des guerres aussi loin que je pus remonter, perdure la haine de fidèles tarés, incapables de se faire une idée sur les raisons pour lesquelles ils se battent, comme dans une vendetta où les protagonistes ne se souviennent plus de l'origine de leur discorde. Les dieux se font la guerre par sectes opposées.

Depuis, cette religieuse domination s'est civilisée aux suites des émeutes de 1789 qui conduisirent aux confiscations de ses biens et propriétés en faveur d'un État balbutiant, né d'un royaume veuf.

Se sont éteints aussi les bûchers de l'Inquisition dont la perpétuation est assurée aujourd'hui par l'Opus Dei, que par le pape Jean-Paul II avant sa mort, a officiellement uni à sa personne.

Pour les fanatiques, ce gourou est un saint, pour les croyants lucides, c'est un Parrain.

Ce n'est pas Dieu qui a fait l'humain, mais l'humain

qui a fait Dieu.

L'invention d'un Dieu unique est la plus grande escroquerie qu'exploitent encore des castes sectaires.

C'est le premier produit de marchandisage. Il est dangereux pour les fidèles séduits par la perfidie et la fourberie véhiculées par les sectes.

Au premier Dieu monothéiste égyptien Râ, ceux actuels ne vivront pas 4 000 ans, mais n'ayez hâte de voir cette secte partir pour en voir une autre, pire la remplacer.

Pour ne pas avoir répandu le sang des hommes dans des luttes offensives, le bouddhisme n'est pas une religion, mais une philosophie, une manière de vivre et de penser, qui fut fondé par le spirituel guide Bouddha, qui écrivit cette pertinente réflexion : « quand les hommes sont des moutons, les loups arrivent ».